LETTRE

D'UNE ANGLAISE,

ACTUELLEMENT EN FRANCE,

A SON AMIE A LONDRES.

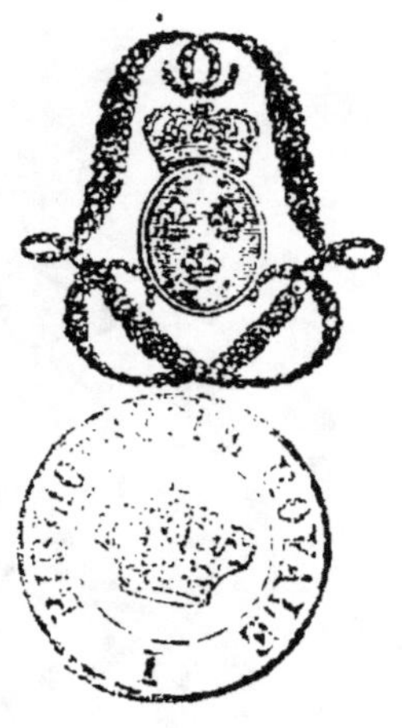

ORLÉANS,

DE L'IMPRIMERIE DE GUYOT AINÉ.

1815.

LETTRE

D'UNE ANGLAISE,

ACTUELLEMENT EN FRANCE,

A SON AMIE A LONDRES.

QUAND j'étais à Londres, ma chère Néli, les grands événemens du Continent étaient le sujet habituel de nos conversations. Qui ne s'intéresserait à ce Roi de France, si bon, si malheureux ! Nous qui l'avons connu dans son exil, et qui l'aimons comme feraient des Françaises, avec quelle joie nous avons vu le triomphe de sa cause ! avec quelle inquiétude nous avons appris les complots du parti qui s'est armé contre elle ! En arrivant sur le théâtre de tant de révolutions, mon premier soin a donc été de connaître la force de ce parti et l'opinion de la France. Dans Paris, j'ai vu les hautes classes toutes dévouées au Roi ; j'ai entendu les acclamations du peuple ; j'ai assisté aux séances de cette Chambre des Députés qu'on accuse d'être trop royaliste, et après cela je pouvais me supposer instruite du véritable vœu des Français ; mais s'il faut en croire l'ex-ministre Foucher, chez les Parisiens et chez les Représentans de la Nation, le royalisme n'est qu'une opinion factice. Je suis donc sortie de Paris pour connaître l'opinion réelle, et j'ai fait dans une province voisine un voyage dont je t'envoie la relation. Tu sais que je possède un esprit observateur et du goût pour la narration : c'est un malheur pour mes correspondans, dont mes longues lettres ont souvent lassé la patience. Prends donc ton parti, ma chère Néli, car c'est une de ces lettres que tu vas lire.

J'avais préféré voyager dans une voiture publique, parce que cette réunion fortuite de gens de tous états et de tous pays est souvent fort instructive. Outre lady . . . et moi, la diligence renfermait sept personnes, un capitaine licencié, un professeur de lycée destitué, un préfet placé au retour de Buonaparte et sans emploi depuis l'arrivée de Louis XVIII, un bon curé, un négociant, un jeune homme et sa femme. Il faut te faire connaître ces personnages, et je commence par le capitaine.

En te faisant le portrait de cet officier, j'en excepterai son visage, attendu que je ne l'ai pas vu à découvert ; il ne paraissait qu'en transparent à travers ses gros sourcils, ses longues moustaches et ses énormes favoris. Ses manières et sa tournure étaient toutes militaires. Au ton des camps il voulait unir le bon ton , comme quelques-uns de ses compatriotes qui , dit-on , ont l'art d'être aimables , tout en étant impertinens ; et je t'assure que mon compagnon de voyage possédait déjà très-bien la moitié de cet art. Ce militaire prétendait que la France était perdue ; le salut de l'Etat dépendait de la conservation de sa place de capitaine.

Le professeur de lycée paraissait fort mécontent du Roi et fort satisfait de lui-même. Quand il ne parlait pas , ce qui arrivait rarement , il soufflait en enflant ses joues ; quand il parlait , l'une de ses mains caressait son menton , et il rejetait sa tête en arrière , ce qui avait un grave inconvénient pour le collet de son habit noir , qui , dans ce mouvement , se couvrait de poudre et de pommade. Cet ex-membre de l'Université répétait sans cesse qu'on voulait arrêter le progrès des lumières : l'esprit humain allait rétrograder , il n'était plus professeur.

Le préfet , à ce que m'apprit le négociant son compatriote , était un jacobin originairement maître d'école dans un village. Devenu chef de bureau dans une préfecture , il avait été fait préfet pour prix d'un libelle antiroyaliste. Au village , il marchait les pieds en dedans , les genoux ployés et le dos arrondi ; mais, dans la carrière des honneurs, ses pieds s'étaient tournés en dehors , son dos et ses genoux s'étaient redressés , et il avait grandi de deux pouces , sans compter deux autres qu'il se donnait en élevant le nez en l'air. C'était un partisan déclaré de l'égalité et des places de trente mille francs de rente.

Le bon curé était ce que doit être un homme de son état, simple et grave. Le négociant était très-royaliste, et le jeune homme ne l'était pas moins.

Pour la femme de ce dernier, elle l'était encore davantage , et je lui rends cette justice , malgré le dépit que je ressentis quelque temps contre elle pour les regards malins qu'elle jeta sur nos toilettes anglaises. Conçois-tu, ma chère Néli, qu'on puisse ne point admirer nos longues tailles et les jolies petites calottes de nos chapeaux ? c'est pourtant ce qui arrive ici. Cela assurément annonce dans les dames françaises un goût fort dépravé ; mais que ne leur pardonnerait-on pas pour l'amour qu'elles portent à leur Roi !

Si les avantages de l'ordre se font sentir , quelque part, c'est particulièrement dans une voiture bien remplie : grâce à lui, les bras, les pieds, les jambes s'encaissent les uns dans les autres, et font du tout comme un seul corps que même les cahots ne peuvent rompre; mais pour cela il faut qu'aucun mouvement irrégulier ne soit formé par les diverses parties de cette masse.

Dans un endroit où nous avions sous les yeux les ravages causés par la guerre, le professeur, pour avoir la vue de la route, s'avança trop au milieu de la voiture. Dans cette position, ses joues soufflées se trouvant très-rapprochées du front du négociant, en furent violemment frappées dans un cahot qui les mit l'un et l'autre en mouvement. Cet accident ajoutant à la mauvaise humeur que quelques discours royalistes lui avaient causée, « Malheureuse France, » dit-il, voilà donc ce que tu dois à ceux qu'on » a osé nommer tes libérateurs! ce sont là les » bienfaits des alliés de ton Roi. »

— « Dites plutôt des factieux qui les ont » attirés, repartit le négociant, et sur-tout ne » calomniez pas un bon Roi. »

— « Un bon Roi! un bon Roi! reprit le » professeur : depuis que Louis XVIII est venu » régner sur nous, nous avons vu en lui tout » au plus les qualités d'un honnête homme ; » y avons-nous vu celles d'un roi? Son ame » n'est pas assez forte pour le fardeau de la » royauté. »

— « Elle a été forte contre l'adversité, re-

» prit le négociant. La trahison a-t-elle permis
» à notre Roi de déployer un autre courage que
» celui de supporter noblement le malheur ? »

— « C'est une chose dont tout le monde
» convient, dit l'officier d'un air décidé, le
» Roi a de la faiblesse dans le caractère. »

Je me chargeai de la réponse ; elle avait
moins d'inconvénient dans la bouche d'une
femme. « Sans doute, dis-je, la bonté du Roi
» a été funeste à lui et à la France ; mais est-ce
» à ceux qui en ont abusé à en faire la re-
» marque ? Après lui avoir reproché sa tyran-
» nie dans votre révolte, n'est-il pas odieux
» de lui reprocher sa bonté quand il vous par-
» donne ? L'année passée, votre Roi, présu-
» mant trop de l'honneur français et du pou-
» voir de la reconnaissance, a cru qu'une noble
» confiance dans ces sentimens serait sa sauve-
» garde la plus sûre ; il s'est trompé, mais son
» erreur fut celle d'une belle ame. Grâce à
» vous, messieurs, la plus noble des vertus
» royales, la clémence a été un défaut, et la con-
» fiance dans l'honneur français a été une faute. »

L'officier ne pouvant répondre par de bonnes
raisons, prit un ton beaucoup plus haut pour
en débiter de mauvaises. Quand il eut cessé
de parler, le professeur se remit en scène. « Je
» le répète, dit-il, Louis XVIII n'a pas ce
» qu'il faut pour régner sur la France, et

» j'ajoute, pour régner sur elle à cette époque.
» Les Bourbons, dans leur exil, sont restés
» étrangers aux nouvelles mœurs des Français
» et aux idées libérales du siècle. »

Le bon curé prit la parole. « Expliquons-
» nous, dit-il : qu'entendez-vous par idées li-
» bérales ? entendez-vous ces nouvelles vues
» politiques par lesquelles on a ajouté à la
» liberté des peuples en restreignant le pouvoir
» souverain ? Certes, Louis XVIII, même
» dans un temps où les princes les adoptaient
» moins facilement, a montré qu'il n'était point
» étranger à ces vues ; mais pour ces hommes
» connus autant par leur perversité que par
» leur haine pour le Souverain légitime, le
» vice et le crime ne seraient-ils point des
» idées libérales ? Notre Roi est ami de l'ordre,
» de la probité et de la décence ; ah ! sans
» doute il est étranger à leurs mœurs. »

— « Leur Buonaparte n'y était point étran-
» ger, dit le négociant. »

— « C'est le motif de leur prédilection, ré-
» pondit le curé. En faveur de son immoralité
» ils lui pardonnaient ses lois tyranniques ; en
» faveur des lois paternelles du Roi, n'auraient-
» ils donc pu lui pardonner ses vertus ? »

— « Je m'entends fort peu à raisonner sur
» les idées libérales, dit l'officier, et j'ignore

» si l'empereur y était étranger ; m ais je
» sais que sous son règne l'armée était beau-
» coup mieux traitée qu'elle ne l'est aujour-
» d'hui. Voyez comme on paie ses services :
» on nous avilit et l'on réduit nos traitemens.
» Messieurs, soyez-en sûrs, jamais la France
» n'aura de tranquillité tant que le militaire
» sera mécontent. »

— « Bien , dit la jeune dame, c'est une
» rançon qu'il faut vous payer pour avoir la
» paix ; quelques centaines de francs de plus
» ou de moins dans vos traitemens, voilà ce
» qui vous rendra bons ou mauvais Français ;
» la fidélité ou la révolte, c'est pour vous une
» affaire de calcul. »

L'officier reprit avec violence : « Le Roi
» connaîtra ce qu'il en coûte pour lutter avec
» une armée mécontente. »

— « Jusqu'à présent, repartit la jeune dame,
» dans cette lutte le Roi a eu contre lui sa
» bonté et la méchanceté de ses ennemis ; mais
» ces excès auront un terme , des lois sévères
» ont été adoptées par les Représentans de la
» France. »

— « Nous verrons , nous verrons, répéta
» plusieurs fois l'officier, rouge de colère. »

— « La France est étrangère aux lois dont
» vous parlez et à la violation de sa charte,

» dit le professeur : ces lois sont l'ouvrage d'une
» cotterie ; les Députés ont été nommés par le
» parti royaliste qui composait les assemblées
» des électeurs de la Nation. »

— « Vous avez raison, dit le négociant, le
» parti royaliste c'est la Nation. »

— « On l'a égarée, poursuivit le professeur,
» on lui a donné une opinion factice. »

— « Sans doute, dit le jeune homme ; ne
» voyez-vous pas qu'on nous a fait croire que
» nous étions royalistes ?

» C'est une chose incontestable, ajouta le
» professeur en caressant son menton, il y a
» un parti qui s'est déclaré l'ennemi de la
» charte constitutionnelle. »

— « Je ne sais quel sera le sort de cette
» fameuse charte, dit le préfet ; mais il me
» suffit qu'elle soit octroyée pour que je m'y
» intéresse fort peu : je ne connais de consti-
» tution que celle qu'adopte la Nation, et de
» Souverain que celui qui règne par la volonté
» du peuple. Qu'est-ce qu'un Roi par la grâce
» de Dieu ? messieurs, je le dis franchement,
» quand même ce Roi nous rendrait heureux,
» je ne voudrais point, moi, d'un bonheur qui
» serait acheté aux dépens des principes. »

— « C'est être bien attaché aux principes,
» dit la jeune dame. Eh bien ! notre bon Roi
» vous rendra heureux malgré vous. »

— « Pour moi, dit l'officier, si l'on me con-
» servait ma place de capitaine, peu m'im-
» porterait que ce fût par la grâce de Dieu
» ou par la volonté du peuple ; mais le Roi
» me l'ôte, et de plus il réduit mon traitement
» de non-activité. Messieurs, je vous le de-
» mande, la France peut-elle attendre son bon-
» heur d'un pareil Souverain ? »

En entendant cet officier qui faisait du mon-
tant de son traitement le thermomètre du bonheur de la France, nous étions très-disposés
à rire, quand lady .... vint merveilleusement
seconder cette disposition.

Sachant peu le français, elle voulut représenter à l'officier qu'il avait été cassé en pu-
nition de la révolte de l'armée ; et comme elle
avait lu dans un dictionaire que *cassé* et *rompu*
étaient synonymes, par une méprise fort plai-
sante elle employa ce dernier mot pour l'autre :
« Monsieur, dit-elle, vous aviez trahi le Roi
» et vous méritiez bien d'être rompu. »

A ce mot nous ne pûmes retenir un éclat
de rire qui offensa singulièrement monsieur
l'officier. Sa colère s'exhala dans des apostrophes
très-véhémentes, et après que sa grosse voix,
qui se grossissait encore en s'échappant entre
ses moustaches, eut quelque temps retenti seule
dans la voiture, un profond silence succéda à
une conversation assez animée.

Alors notre petite société offrit le spectacle que donne souvent l'intérieur d'une diligence : un léger assoupissement s'empara des voyageurs ; l'officier, en se calmant, permit à ses paupières de s'abaisser sous ses gros sourcils ; le professeur, cédant au sommeil, pencha le front et laissa reposer le collet de son habit ; le préfet cessa d'élever le nez en l'air, et toutes les têtes agitées, à droite, à gauche, sur l'épaule ou sur la poitrine des dormeurs, s'abandonnèrent au mouvement de la voiture, en se balançant sur leurs pivots.

Pour moi, au milieu du silence général, après avoir recueilli les traits de ce tableau et de notre précédente conversation pour en faire l'ornement de cette lettre, je revenais sur une réflexion que j'avais souvent faite et que mes compagnons de voyage m'avaient rappelée : voici, me disais-je, plusieurs individus qui, par leur état et leur éducation, sont capables d'apprécier les véritables intérêts de leur patrie, et dans cette réunion il n'y a d'ennemis du Roi que trois hommes qui ont perdu leurs places ; ôtez les basses classes si faciles à égarer faute d'instruction, et, à quelques exceptions près, tout ce qui n'est point intéressé au maintien du gouvernement de Buonaparte, est partisan du gouvernement royal ; cela assurément lui fait honneur.

J'étais encore occupée de cette réflexion, quand une violente secousse vint nous retirer de l'état de calme où nous étions ; le postillon, en s'écartant de la route, nous jeta dans un fossé, et la voiture fut renversée sur le côté.

Un horrible désordre succéda aussitôt à l'ordre qui régnait entre nous ; en un instant tous les partis, royaliste, buonapartiste et républicain, furent confondus ; la petite calotte du chapeau de lady .... tomba sur les joues soufflées du professeur ; celui-ci alla poudrer les moustaches de l'officier, et les favoris de ce dernier s'accrochèrent dans le lis du jeune homme.

Au milieu des cris, des plaintes, des mouvemens confus que cet événement avait causés, on vint nous ouvrir la portière de la voiture. Nous en sortîmes non sans contusions et au milieu des juremens de l'officier, qui, dans son ame, je crois, s'en prenait au Roi de ce que nous avions versé.

Ne pouvant nous rendre à la ville où la diligence devait s'arrêter pour le souper, nous gagnâmes le village voisin dans le dessein d'y passer la nuit, pour donner le temps de faire à la voiture les réparations nécessaires. Nous trouvâmes en route plusieurs voyageurs, à pied, à cheval, en voiture, de tous états, et, à ce qu'il me parut aussi, de toutes opinions, qui, marchant à petites journées, devaient coucher de même dans ce village. Nous y arrivâmes ensemble, et en apprenant qu'il ne contenait qu'une seule auberge pour nous recevoir tous, je me félicitai de l'accident qui allait me donner la facilité de continuer, et plus en grand encore, les observations que j'avais commencées dans la diligence.

Le nombre des voyageurs, augmenté par la recrue inattendue de notre petite troupe, ne se trouvant plus en proportion avec les appartemens de l'auberge, il en résulta que l'aubergiste se vit dans l'impossibilité de nous loger tous. Le professeur pérora long-temps à ce sujet ; l'officier, accoutumé à tous les expédiens de la vie militaire, parcourut la maison pour en tirer le meilleur parti possible. Avec son épée il mesura les coussins des chaises pour faire des matelas, et tous les recoins de l'auberge pour les transformer en chambres à coucher ; mais ses combinaisons échouant contre la petitesse du local et le nombre des voyageurs, « Messieurs, dit-il, une partie seulement d'entre » nous pourrait obtenir des chambres à cou- » cher ; pour que personne ne se plaigne d'une » préférence injurieuse, je vous propose de » souper tous dans cette salle et d'y bivouaquer » ensuite jusqu'à notre départ. Les uns po- » litiqueront, ajouta-t-il en fronçant le sourcil ; » les autres joueront et boiront du punch. Mes-

» sieurs, croyez-en mon expérience, cette ma-
» nière de passer la nuit a aussi son agrément. »

On adopta cet avis et nous nous mîmes à
table. Parmi les voyageurs était un ancien
garde-du-corps, qui revenait de Paris où il
avait été solliciter une place pour son fils ; il
m'avait paru instruit de l'état politique de son
pays, et je m'étais placée à côté de lui : pendant le repas je lui fis connaître le but de
mon voyage.

« Madame, me dit-il, dans cette société de
» voyageurs de tous états que le hasard réunit
» dans cette auberge, vous voyez, quant aux
» opinions politiques, à-peu-près l'image de
» la grande société qui forme ma patrie. Pen-
» dant la route et dans les auberges où je
» me suis trouvé avec plusieurs de nos com-
» pagnons de voyage, il m'a été facile de
» les connaître. Afin que, par ce petit tableau,
» vous puissiez juger la France, je vais les
» passer en revue avec vous ; cela me sera
» d'autant plus facile, qu'ils se sont rappro-
» chés les uns des autres suivant leurs diverses
» opinions.

» Dans la partie de la table que nous oc-
» cupons, sont les royalistes ; ils forment plus
» de la moitié des convives. Ce sont des in-
» dividus de toutes les classes et particuliè-
» rement des classes riches. Je joins à eux,

» ajouta-t-il en baissant la voix, cet homme
» froid qui ne parle à personne dans les deux
» partis : c'est un ancien révolutionnaire, ac-
» quéreur de biens d'émigrés , partisan de
» Buonaparte par inclination, et du Roi par
» raison. Depuis la seconde chute de l'usur-
» pateur, un jugement solide et un attache-
» ment à sa patrie, plus sincère que celui
» qu'affectent ses confrères, l'ont séparé de
» son parti ; il a senti qu'il n'y avait de salut
» pour la France que dans l'affermissement du
» trône de Louis XVIII, s'est réuni aux
» royalistes , et l'a fait franchement. Je ne
» confonds point avec lui, poursuivit-il , trois
» hommes qui sortent aussi tout récemment
» du parti opposé, qui voudraient bien faire
» croire qu'ils n'en ont point été , et que je
» vais vous faire connaître.

» Le premier est ce fournisseur qui mange
» avec tant d'appétit , qui nous étourdit par son
» gros rire, et dont la femme a de si belles
» bagues et un si mauvais ton ; peu importe à
» ce Crésus de ruiner l'Etat avec une cocarde
» blanche ou une cocarde tricolore.

» Le second est ce petit homme habillé de
» noir et tout en guenilles ; c'est un poëte. Au
» retour de Buonaparte, il accourut à Paris
» pour lui présenter le premier chant d'un
» poëme en son honneur, et en reçut quelque

» argent. A l'arrivée de Louis XVIII, il rem-
» plaça dans ses vers le nom de l'empereur
» par celui du Roi, comme un marchand de
» meubles remplace l'aigle par la fleur de lis,
» et courut offrir sa marchandise au nouveau
» venu ; mais il fut mal reçu, et prit le parti
» de retourner dans sa ville natale. N'ayant
» pas même un sac pour mettre ses manuscrits,
» il les a placés sur les différentes parties de
» son corps : les fragmens de son poëme sont
» dans ses bottes ; il a deux odes pour jarre-
» tières et une épitre autour de sa ceinture ;
» comme sa garde-robe est très-usée, on voit
» ses vers à travers les trous de son gilet.

» Le troisième est un peintre qui fait des
» caricatures pour tous les partis.

» Ces trois hommes représentent ici une
» classe nombreuse de Français qu'on ne
» doit point compter parmi les royalistes ;
» ils font foule avec eux, mais ne les ren-
» forcent pas. Les individus qui composent
» cette classe prennent une cocarde blanche
» et une cocarde tricolore, comme on prend
» une couleur à la mode.

» A côté des royalistes, remarquez ces bonnes
» gens qui, la bouche béante, écoutent tout ce
» que disent les buonapartistes : ce sont ces
» hommes ignorans auxquels on fait croire que
» Buonaparte revient avec des soldats qui ont

» trois yeux ; que Napoléon II va épouser la
» fille du Grand-Turc, pour venir avec son
» beau-père s'emparer de la France ; que le
» Roi veut rétablir les dîmes, les droits féo-
» daux, et faire restituer les biens nationaux.
» En écoutant ces balivernes, ils commencent
» à s'en défier ; mais s'ils ne sont plus buona-
» partistes, ils ne sont pas encore royalistes.
» Je leur associe quelques individus de classes
» plus relevées : les malheurs de la France les
» ont aigris ; ils se sont faits antiroyalistes par
» mauvaise humeur, et accusent le Roi des
» maux dont il est la victime.

» Enfin, à l'autre bout de la table est le
» groupe des buonapartistes. Cet homme épais,
» coéffé d'un chapeau à claque sur des che-
» veux ronds comme les paysans les portent,
» c'est un électeur, député au Champ-de-Mai,
» et habitant d'un village où il a acheté quel-
» ques domaines de l'ancien seigneur. Vous
» l'entendez parler de la patrie, mais pour lui
» la patrie c'est son bien d'émigré. Il a une
» partie de ses vêtemens de campagne grotes-
» quement mêlée avec une partie de sa parure
» du Champ-de-Mai, et s'en retourne chez lui
» sous cette toilette demi-éclatante et demi-
» villageoise.

» Plus loin sont deux hommes à figures si-
» nistres. L'un est un jacobin : il est moins

» partisan de Buonaparte qu'ennemi des Bour-
» bons. L'autre est un individu de fort mau-
» vaise réputation, soupçonné d'avoir volé son
» associé et empoisonné sa femme. C'est un
» de ces amis de la Révolution qui répètent
» sans cesse que le Roi est ennemi de leurs
» principes. Certes ils ne se trompent pas, mais
» les lois criminelles en sont aussi ennemies.

» Plus loin encore, continua mon voisin, à
» côté du professeur de lycée est un person-
» nage qui enfle les joues comme lui, et s'écoute
» en parlant. C'est un philosophe : il regrette
» la République qui avait adopté ses systèmes
» politiques, et Buonaparte qui allait accom-
» plïr ses projets irréligieux. Il a assez d'es-
» prit pour sentir à présent que ni les uns ni
» les autres ne seront réalisés ; mais il y tient
» par entêtement.

» Des hommes que l'intérêt personnel conduit,
» quelques jacobins, quelques mauvais sujets,
» quelques raisonneurs à faux systèmes, voilà
» donc ce qui compose le vrai parti buona-
» partiste : il est à-peu-près de même force que
» celui des indécis ; tous ensemble n'égalent
» point en nombre les royalistes, et ils les
» égalent encore moins en considération. »

Tandis que le garde-du-corps me parlait
ainsi, le professeur et l'homme à systèmes, qui
s'étaient emparés de la conversation, faisaient
des observations chagrines sur le traité de paix.

« Le second retour du Roi coûtera cher à
» la France, disait le professeur. »

— « Eh ! pourquoi accusez-vous le Roi des
» maux qui pèsent sur nous, repartit le garde-
» du-corps ? Buonaparte seul en est l'auteur.
» Nous avons à réparer toutes ses injustices ;
» nos charges ne peuvent manquer d'être pe-
» santes. »

— « Ce qui m'afflige, dit le fournisseur, ce
» sont moins ces charges que l'humiliation de
» la France. Moi, messieurs, je tiens sur-tout
» à l'honneur de la Nation. »

— « Il y tient plus qu'au sien propre, dit
» tout bas un de mes voisins. »

— « Au moins, continua le garde-du-corps,
» nous verrons cesser cette effroyable effusion
» de sang humain que, depuis quinze ans,
» Buonaparte renouvelait presque chaque année.
» Les intérêts de l'humanité doivent compenser
» ceux de notre bourse. »

— « Cela vous plaît à dire, repartit le four-
» nisseur : j'aimerais mieux voir partir 700,000
» conscrits, que voir 700 millions sortir de
» nos bourses. »

— « En vérité, dit le peintre, peut-on mettre
» en balance la vie des hommes et la perte
» de quelques millions ? passe encore s'il s'agis-
» sait des tableaux du Musée. »

— « Au reste, j'avais préçu tout cela, et mes
» spéculations ont été bonnes, dit le fournisseur
» en regardant sa femme. »

— « Oui, répondit celle-ci. Messieurs, ajou-
» ta-t-elle en s'adressant à nous, il n'y a per-
» sonne comme mon mari pour faire une spé-
» culation : vous ne sauriez croire avec quellé
» habileté il calcule toutes les chances d'une
» affaire d'intérêt. Quand il m'épousa, il ne
» s'informa point de mes bonnes ou mauvaises
» qualités, mais de la bonne ou mauvaise santé
» de mes frères et sœurs. Ses calculs furent si
» justes à cet égard, que, deux ans après mon
» mariage, ils moururent tous. Mon mari avait
» compté les maladies de ma famille en aug-
» mentation de ma dot. »

En disant cela, elle riait à gorge déployée
de cette nouvelle manière d'évaluer une dot,
et son mari en faisait autant.

Après le souper, le peintre, pour passer le
temps, nous montra ses caricatures. « Regardez
» celle-ci, nous dit-il, je l'ai composée quand,
» après la bataille de Waterloo, Buonaparte
» prit la fuite et accourut à toutes jambes à
» Paris : elle fait allusion à une autre carica-
» ture composée en son honneur, au moment
» de son retour. Il était représenté sous la forme
» d'un géant ; de ses longues jambes il fran-
» chissait rapidement la route qui l'a conduit

» de Cannes à Paris ; de ses bras énormes il
» ressaisissait toutes les parties de son ancien
» empire, et en chassait les Bourbons. Dans
» ma caricature, je n'ai conservé que les jambes
» de ce géant ; pour le reste de son corps, j'ai
» rapetissé ses formes gigantesques, je l'ai privé
» de ses bras, et j'ai écrit au bas de la gravure :
» *Il ne lui reste plus que ses longues jambes.*
» Ne trouvez-vous pas que j'ai bien saisi l'es-
» prit de la première caricature, et que j'ai
» fait sentir adroitement le ridicule de cette
» platte adulation. »

Nous regardions ce dessin, quand le poëte,
qui depuis long-temps connaissait le peintre,
s'approcha de lui. « Camarade, lui dit-il, en
» effet vous avez fort bien tourné en ridicule
» la sotte adulation de la première caricature ;
» mais je ne suis point étonné que vous en
» ayez si habilement saisi l'esprit, puisque vous
» en êtes l'auteur. »

— « Parbleu, dit le peintre piqué, je vous
» conseille de parler, monsieur le poëte ; n'ai-
» je pas vu chez vous une épitre en vers, où
» vous aviez laissé un feuillet blanc pour le
» remplir, suivant l'occurrence, des louanges
» de l'empereur ou de celles du Roi ? »

— « Vraiment, repartit le poëte, au mois
» de mars, n'ai-je pas vu aussi chez ta femme
» un bouquet de lis et un autre de violette ? »

— « Et toi, reprit le peintre, au mois de
» juillet, ne portais-tu pas une cocarde blanche
» d'un côté et tricolore de l'autre ? »

Après ces reproches, ils en vinrent aux in-
jures, et le peintre finit le débat en jetant au
nez de son adversaire un plat qui contenait les
restes du souper.

Il en tomba une partie dans le gilet entr'ou-
vert du poëte, ce qui le força de se débou-
tonner et de laisser tomber le manuscrit qu'il
portait sur lui.

Pendant que notre homme se débarbouillait,
nous nous en saisîmes et nous reconnûmes la
vérité du fait avancé par le peintre. Le manuscrit contenait en effet un feuillet blanc, et
à côté une feuille volante renfermait les va-
riantes de sa muse complaisante. Le recto était
pour Buonaparte, le verso pour Louis XVIII.

Ce débat amena une conversation sur Buonaparte, et le garde-du-corps engagea un des
voyageurs à lire, pour abréger la nuit, quelques réflexions qu'il avait faites sur ce person-
nage. L'auteur ne se fit pas prier, tira son manuscrit de sa poche, et commença sa lecture
par le passage suivant, que j'ai retenu.

« Buonaparte n'est point tel qu'il a été peint
» par ses flatteurs. La fortune, en le dépouil-
» lant de l'éclat dont elle l'avait revêtu, n'a

» montré en lui qu'un homme fort au-dessous
» de sa réputation. Ses talens militaires ne sont
» qu'une aveugle activité, heureuse quelque
» temps malgré mille fautes, parce qu'elle a
» été secondée par l'impétuosité française.

» Son génie n'est qu'un esprit faux, brouillon
» et non pas créateur, fou, gigantesque et non
» pas grand. Ces projets extraordinaires, mais
» impraticables, qu'il a enfantés, prouvent
» moins la force que la faiblesse de sa tête.
» Incapable de former des plans sages, il a
» voulu étonner par des plans bizarres, et s'est
» fait homme de génie parce qu'il n'était pas
» homme de bon sens.

» La nature ne l'a pas mieux partagé du
» côté du cœur que du côté de l'esprit : dur,
» insensible, il n'excite que l'aversion et la
» crainte ; il le sait, et pour se déguiser
» s'enveloppe dans sa dissimulation. Armé du
» glaive d'Attila, nous l'avons vu prendre le
» langage d'un sophiste mielleux. Athée, en-
» nemi juré de notre culte, il était, nous di-
» sait-il, son zélé protecteur. Il parlait de paix
» quand la guerre occupait toutes ses pensées,
» d'idées libérales quand la tyrannie était dans
» son cœur. Enfin, avide de renommée, n'ayant
» pour l'obtenir que l'art de fasciner les yeux
» du vulgaire, donnant son esprit brouillon et
» bizarre pour du génie, son cœur insensible

» et dur pour un grand caractère, à défaut
» d'admiration cherchant à exciter l'étonne-
» ment, ce n'est ni un grand homme ni un
» héros, ce n'en est que le masque. »

— « Voilà bien l'esprit de parti, dit l'élec-
» teur ; Napoléon n'est ni un grand homme
» ni un héros ! assurément les Députés au
» Champ-de-Mai l'ont jugé autrement. »

— « Monsieur, dit le philosophe à l'auteur,
» appelez-vous esprit brouillon le génie qui
» s'ouvre des routes nouvelles, et dans ses con-
» ceptions sublimes perfectionne les institutions
» des peuples ? Quelques malheurs sans doute
» en sont la suite pour les contemporains ; mais
» un grand homme ne borne pas ses calculs aux
» races présentes, dans ses vastes plans il em-
» brasse sur-tout les races futures. »

— « Dans ce cas, interrompit le négociant,
» votre Buonaparte était incontestablement un
» grand homme, car il ne s'occupait guère du
» bonheur des races présentes. »

— « C'est ainsi, poursuivit le philosophe,
» c'est ainsi qu'au prix de quelques boulever-
» semens il prépare les nations à jouer un beau
» rôle dans l'histoire. »

Un petit bourgeois qui écoutait tout cela,
prit la parole. « Ma foi, dit-il, j'aime mieux
» jouer un beau rôle de mon vivant, que

» le jouer dans l'histoire ; et bien des Fran-
» çais aussi auraient mieux aimé vivre tran-
» quilles et heureux, que perfectionner leurs
» institutions sur les plans d'un grand homme. »

— « On parle d'esprit brouillon, dit le pro-
» fesseur ; et n'est-ce point aussi un esprit
» brouillon que celui qui anime le gouverne-
» ment actuel ? Que de destitutions, que de
» suppressions, que de bouleversement dans les
» diverses classes des fonctionnaires publics ?
» aussi voyez comme de toutes parts les mé-
» contens s'agitent dans l'état pénible où on
» les met. »

— « Eh bien ! que se proposent-ils, dit le
» révolutionnaire-royaliste qui jusque-là avait
» gardé le silence ? Messieurs, ajouta-t-il en
» s'adressant aux buonapartistes, vous me pa-
» raissez ennemis du gouvernement royal. J'ai
» les mêmes intérêts que vous : je suis proprié-
» taire de biens d'émigrés ; mais après avoir
» long-temps servi votre parti, je l'ai aban-
» donné, parce que je suis convaincu qu'il n'a
» aucun but raisonnable. Dans les actes di-
» plomatiques qui viennent d'être publiés, vous
» voyez par les engagemens que les puissances
» étrangères prennent entre elles, qu'elles sont
» décidées à maintenir Louis XVIII sur le
» trône, et à s'armer encore une fois si de nou-
» veaux troubles se manifestaient en France. Vos

» complots, sans aucun avantage pour vous,
» n'auront donc pour résultat que de retenir
» plus long-temps sur le sol français ces armées
» qui l'épuisent, et peut-être d'en attirer en-
» core de nouvelles. Ne serait-il pas plus sage
» de chercher à obtenir par la confiance ce
» que vous voulez vainement arracher par la
» force ? Dans le civil et dans le militaire,
» plusieurs d'entre vous ont des talens ; vous
» feriez beaucoup de bien si vous pouviez vous
» résoudre à ne point faire de mal. Nul doute
» que le Roi dont la bonté et l'esprit conciliant
» sont connus, ne consentît à vous employer,
» si votre conduite, si le calme de l'État per-
» mettait de croire que vous ne serez plus
» dangereux, et si l'on vous voyait réunis
» franchement à la majorité de la Nation. »

Notre compagnon de voyage en était à cette
partie de son discours, quand on apporta un
bol de punch. Par un à-propos dont les fastes
de l'éloquence offrent plus d'un exemple, l'ora-
teur tirant parti de cette circonstance pour finir
par un beau mouvement oratoire, « Quel plus
» heureux moment pourrions-nous choisir pour
» la réunion à laquelle je vous invite, dit-il
» en se tournant du côté du punch ? Ce bol
» va nous rassembler autour de la même table ;
» vous le savez, messieurs, c'est à table que
» souvent se sont terminées de graves contes-

» tations , et c'est là aussi que les verres
» donnent le signal du cri d'amour des Fran-
» çais pour leurs princes. Que le punch apporté
» si à-propos remplisse pour nous ce double
» objet ; qu'il nous réunisse dans l'intention de
» rendre le calme à notre chère patrie ; qu'il
» nous rappelle que nous devons boire à la
» santé du Roi ! »

Cette péroraison que la présence et l'odeur
du punch rendaient encore plus éloquente, fit
un grand effet sur l'auditoire. Il était aisé de
le voir, ceux que le garde-du-corps m'avait
désignés non comme buonapartistes mais comme
antiroyalistes, étaient fortement ébranlés, quand
l'homme à systèmes, le jacobin et le mauvais
sujet prirent la parole pour soutenir ces esprits
chancelans.

« Non, dit le raisonneur, les lumières de
» la philosophie, la connaissance des droits et
» de la souveraineté du peuple , nous défendent
» de prêter notre appui à un gouvernement
» ennemi des unes et des autres, et par con-
» séquent s'opposent à la réunion que vous
» désirez. »

— « Oui, poursuivit le jacobin, nous res-
« terons fidèles aux idées libérales. »

— « Sans doute, ajouta le mauvais sujet,
» nous tenons à nos principes. «

Le garde-du-corps se leva. « Cela étant, dit-il,
» j'ai un traité à vous proposer : vous savez tout
» ce que la différence d'opinions apporte de
» froideur et de contrainte dans une société ;
» souvent elle fait plus, elle engendre des que-
» relles. Echauffés par le punch, peut-être
» feriez-vous entendre ce cri de ralliement qui
» vous est si cher et qui est si odieux aux roya-
» listes ; de notre côté, nous blesserions vos
» oreilles par le cri de *Vive le Roi !* Pour pré-
» venir les débats que cette opposition de sen-
» timens ferait naître , je demande qu'à un seul
» des deux partis qui nous divisent, soient
» laissés et le punch et le droit de boire à la
» santé de qui il lui plaira. Ce droit, comme
» de raison, appartiendra au parti le plus nom-
» breux, et pour le connaître, voici l'expé-
» dient que je propose : chacun de nous prendra
» un verre ; les royalistes le déposeront d'un
» côté de la table, les buonapartistes de l'autre ;
» par cette sorte de scrutin analogue à l'objet
» pour lequel nous l'emploierons, nous con-
» naîtrons, en comptant les verres, à qui le
» bol en litige doit appartenir. Le parti qui
» succombera dans cette lutte ira se coucher ;
» les lits de l'auberge, trop peu nombreux pour
» nous tous, le seront assez pour lui. »

Les buonapartistes qui prévoyaient le résultat
de ce traité, étaient peu disposés à l'accepter ;

mais entraînés par les royalistes qui se por-
taient en foule à la table, et craignant d'être
abandonnés par leurs camarades indécis, ils
les suivirent ; l'opération se termina comme
le garde-du-corps l'avait imaginé, et l'on compta
les verres.

Cependant le mauvais sujet, en voyant le
nombre des verres royalistes, s'était retiré
avec humeur : le menton dans sa main, le
coude appuyé sur la cheminée, et regardant
avec dédain un petit portrait du Roi qui y
était suspendu, il s'était retourné brusquement,
en entendant le garde-du-corps proclamer le
résultat du scrutin au profit des royalistes;
dans cette position, où la fumée qui s'élevait
sur le bol venait directement à lui, l'odeur du
punch enflammant sa bile que le portrait du
Roi avait déjà échauffée, « Non, dit-il, il
» n'en sera point ainsi; on veut nous tyran-
» niser, mais nos opinions sont libres, et
» nul n'a le droit de nous exclure de cette
» table. »

— « Voilà bien votre conduite ordinaire,
» dit le garde-du-corps, et vous en agissez avec
» nous comme avec votre patrie ; en refusant
» de vous soumettre au vœu de la majorité,
» en restant en opposition avec le reste de la
» société, vous vous plaignez de ne point par-
» tager ses avantages : eh bien ! messieurs,

» votre obstination vous a fait perdre vos em-
» plois ; elle vous fera perdre aussi votre part
» de notre punch, et je vous déclare que vous
» ne serez pas plus admis à notre table qu'à
» l'administration de la France. »

Une grande rumeur suivit ces paroles. Tous
les individus du parti opposé, entraînés par leur
camarade, se réunirent en un seul groupe. Le
jacobin frappait du poing sur la table ; l'officier frappait du pied sur le carreau ; le professeur pérorait ; le mauvais sujet jurait, et
s'était armé d'une chaise qu'il élevait en l'air.

« Mais attendez donc, dit le petit bourgeois,
» nous allons nous expliquer avec ces mes-
» sieurs. »

— « Non, point d'explications, repartit le
» fougueux buonapartiste ; j'ai été soldat de
» Napoléon et j'imite ses manœuvres : il faut
» tomber comme la foudre sur ses ennemis. »

Son camarade, à cette réponse, gagnait pru-
demment la porte, quand l'officier y accourut
avant lui, la ferma, et mit la clef dans sa poche.

« Messieurs, dit le bourgeois, je n'aime point
» me battre dans une chambre fermée : vous
» voulez commencer le combat comme Napo-
» léon ; eh bien ! moi, je me sens très-disposé
» à le finir à la manière de ce grand homme,
» et en conséquence je demande qu'on ouvre
» toutes les portes. »

Cette saillie rendit un moment à l'assemblée sa bonne humeur ; mais le tumulte recommençait, quand le bourgeois prit de nouveau la parole.

« Messieurs, dit-il à ses voisins, si le combat
» s'engage, nous perdrons infailliblement l'objet
» de la contestation ; le punch sera renversé
» dans la bagarre, et pour prix de sa valeur,
» monsieur l'officier s'emparera du peu qui en
» restera, dans le cas où la victoire serait à
» nous. »

— « Vraiment, dit l'officier, la chose pour-
» rait bien se passer comme vous le dites, et
» je déclare d'avance que si nous triomphons,
» j'établirai un majorat sur le punch. »

— « Puisque cela est ainsi, dit le bour-
» geois, je ne vois pas pourquoi nous reste-
» rions avec vous : il est vrai que les Prussiens
» et les taxes de guerre nous ont mis de mau-
» vaise humeur contre le gouvernement actuel ;
» mais nous reprendrons notre bonne humeur
» en buvant à la santé du Roi. »

En disant cela, il se réunit à nous, ainsi que ses camarades.

Un gros fermier prit la parole à son tour. « Camarades, dit-il à d'autres paysans, je
» suis d'avis d'imiter ces messieurs : on nous
» dit qu'on veut rétablir les dîmes et les droits

» féodaux ; mais nous ne voyons pas très-clair
» dans ces affaires de politique. »

— « Tu as raison, dit un autre : eh bien !
» pour nous éclaircir la vue, il faut aller
» boire à la santé du Roi. »

En disant cela, il poussa ses voisins de notre
côté. Tous ensemble passèrent dans nos rangs,
et laissèrent seuls les buonapartistes.

Cependant la jeune dame de la diligence,
lady... et moi, rassurées par les défections de
l'armée ennemie, nous venions de sortir des
retranchemens que nous nous étions faits dans
un coin de la chambre.

Lady..., dont la vivacité ne peut être ar-
rêtée par l'ignorance de la langue, était ac-
courue la première sur le champ de bataille.
Elle voulut haranguer nos ennemis, et leur
représenter qu'en refusant avec trop d'opiniâ-
treté de se soumettre à l'autorité du Roi, ils
s'exposaient à être *notés par la justice ;* mais
en se servant de cette expression, elle fit une
méprise semblable à celle qu'elle avait faite
dans la diligence : « A la fin, dit-elle au mau-
» vais sujet, vous pourriez bien vous faire
» marquer par la justice. »

A ce mot, il partit de l'armée royaliste un
éclat de rire qui décida son triomphe. L'officier,
le professeur, le préfet et le député au Champ-
de-Mai, se mirent du parti des rieurs.

« Parbleu, dit l'officier, tous ces messieurs
» trouvent des raisons pour aller boire leur
» part de punch ; moi, j'en ai trouvé une aussi :
» en attendant qu'on me rende ma place de
» capitaine, pour passer le temps je vais boire
» à la santé du Roi. »

Le jacobin, le mauvais sujet et le philosophe restaient seuls. Nous les invitâmes à
venir oublier leurs systèmes et leurs rêveries
philosophiques, en buvant à la santé du Roi ;
mais nos instances furent inutiles.

« Non, dit l'homme à systèmes, en détour-
» nant ses yeux du punch qui le tentait, non,
» je ne sacrifierai point les droits de la raison
» à un verre de punch. »

— « En ce cas, allez donc vous coucher,
» dit le bourgeois. »

— « Vous avez raison, répondit le philo-
» sophe. Messieurs, dit-il ensuite à ses com-
» pagnons, profitons de cet avis. »

— « Non, répondirent-ils, nous voulons
» rester et être au moins des trouble-fêtes. »

Ils restèrent en effet dans un coin de la
chambre, d'où, regardant notre punch d'un
œil d'envie, ils faisaient la grimace en nous
entendant boire à la santé du Roi, et de
temps en temps criaient : *Vive l'empereur !*

Cependant nous nous étions placés autour

du bol , et nos nouveaux royalistes conservaient encore un air un peu sérieux , quand une nouvelle scène vint les dérider tout-à-fait.

Le poëte et le peintre s'étaient cachés sous la table , et l'on commençait à verser la liqueur , lorsque tout-à-coup nous les vîmes sortir de leur retraite.

« Eh bon Dieu ! dîmes-nous tous ensemble ,
» que faisiez-vous là , messieurs ? »

— « Vous le savez , dit le poëte un peu
» honteux , pour leurs travaux les muses et
» les arts ont besoin de la paix ; pendant le
» combat nous avons été la chercher sous cette
» table ; nous y travaillions à célébrer les
» vainqueurs. »

— « Et vous avez laissé leurs noms en blanc ,
» dit le garde-du-corps ? mais voyons toujours
» vos productions. »

— « J'avais commencé une pièce sur le
» ton de l'ode , répondit le poëte ; mais comme
» les choses se sont arrangées à l'amiable , ce
» ton serait trop haut ; voici tout simplement
» un couplet : »

Air : *A voyager passant sa vie.*

CÉDANT à l'avis le plus sage,
Enfin vous voilà donc en paix ;
Votre union , messieurs , présage
Celle qu'attendent les Français.

Aussi je me sens plus fidèle ;
Me voilà ferme, par ma foi ;
Et je viens, tout bouillant de zèle,
Pour boire à la santé du Roi.   (*bis.*)

« Sans doute, dit le négociant, plus le parti
» est fort, plus votre zèle est grand ; et vous,
» monsieur le peintre, avez-vous trouvé sous
» cette table le sujet d'une caricature ? »

— « Vraiment, dit le peintre, il n'est pas
» nécessaire de chercher bien loin pour cela,
» et je compte bien faire une bonne caricature
» avec les portraits de ces trois messieurs que
» voilà là bas, humant la fumée de votre
» punch, et faisant des grimaces de possédés
» quand vous buvez à la santé du Roi. »

— « Monsieur le peintre, dit le négociant,
» ne manquez pas de nous faire cette carica-
» ture. »

— « Il me vient une pensée, dit la jeune
» dame : l'exemple de monsieur l'officier est
» fort bon à donner à ses confrères, et je vou-
» drais qu'il figurât dans votre composition.
» Comme on travaille en ce moment à orga-
» niser l'armée, et que ces messieurs désirent
» fort avoir part au gâteau, vous remplacerez le
» punch par un gâteau ; ce sera celui des Rois,
» si vous le voulez. Messieurs les officiers pré-
» senteront leurs requêtes pour avoir des places,
» et on leur repondra en montrant le gâteau :

» *Messieurs les officiers , pour avoir part au*
» *gâteau , il faut boire à la santé du Roi.* »

— « Ma foi, dit l'officier , qu'à cela ne
» tienne. »

Nos messieurs ne tardèrent pas à devenir
aussi royalistes que nous ; échauffés par le
punch et par l'exemple du poëte , ils voulurent
même composer des couplets pour célébrer leur
conversion. Le bourgeois commença. Après
s'être long-temps frotté le front , il enfanta ce
couplet :

Air : *A voyager passant sa vie.*

J'ETAIS chagrin , ce doux breuvage
Couvre d'un voile le passé ;
Des désastres de mon ménage
Le souvenir est effacé :
Contre un peu d'humeur que ce verre
Soit une ressource pour moi ;
J'oublierai mes taxes de guerre,
Buvant à la santé du Roi.   (*bis.*)

L'officier imita le bourgeois, et avec sa grosse
voix entonna cet autre couplet :

Même air.

LOIN de nous une plainte vaine ;
Messieurs, le bon temps reviendra,
Et ma place de capitaine
Louis un jour me la rendra.
Plus soumis, à sa confiance
Sans doute bientôt j'aurai droit ;

Pour attendre avec patience,
Je bois à la santé du Roi.   (*bis.*)

Enfin le garde-du-corps se mit aussi de la partie, et chanta ce qui suit :

Même air.

A l'avenir enfin la France
Aujourd'hui peut se confier ;
Louis a repris sa puissance,
Ce changement est le dernier.
Ah ! plus de trames criminelles ;
Mais sous son équitable loi,
Buvant l'oubli de nos querelles,
Buvons à la santé du Roi.   (*bis.*)

Ainsi se passa une nuit qui semblait devoir être si orageuse. Avant de nous séparer, je m'approchai du garde-du-corps : « Vous avez » comparé, lui dis-je, cette société à votre » patrie ; Dieu veuille que la comparaison soit » exacte ! »

— « Soyez-en sûre, elle le sera, me répon-» dit-il : dans la France comme ici, les hommes » égarés, après s'être unis un instant aux en-» nemis du gouvernement, ouvriront les yeux ; » ceux que nos maux ont aigris oublieront un » moment d'humeur ; et un peu plus tard la » classe nombreuse des gens en place privés de » leurs emplois, sentira aussi que son intérêt » bien entendu est de se réunir au Roi. Les » seuls ennemis qui resteront alors au gouver-

» nement, seront donc les jacobins, les mau-
» vais sujets et les raisonneurs entêtés de leurs
» systèmes, des hommes pervers ou des hommes
» atteints de folie. Les médecins et la justice
» acheveront la destruction du parti de Buo-
» naparte. »

Mes observations pendant le reste de la route et dans la province où j'ai passé quelque temps, ont confirmé ces espérances : puissent-elles se réaliser, et les vœux que je forme pour les Bourbons s'accomplir !

Je n'en forme pas moins pour ton bonheur, ma chère Néli, et je termine ici ma lettre ; assurément il en est bien temps.

FIN.